AF227241

DISCOURS

Prononcé le 17.me jour du 3.me mois de l'an 5810 de la G∴ L∴, dans la R∴ ☐∴ des Amis de l'Ordre, à l'O∴ de Digne, époque fixée pour célébrer l'anniversaire de l'Installation de cette ☐∴ et le Mariage de Sa Majesté l'Empereur et Roi NAPOLÉON-LE-GRAND, avec l'Archiduchesse d'Autriche MARIE-LOUISE.

Par J. P. MARESCHAL, (des B.^{es}-du-Rhône) R∴ †∴, COMMISSAIRE DES GUERRES, Employé dans le Département des Basses-Alpes.

Les Vertus et Lumières font le bonheur des Rois et des Peuples.

V∴ M∴, FF∴ 1.er et 2.e Surv∴, FF∴ DD∴, et vous tous M∴ T∴ C∴ FF∴ qui composés ce R∴ At∴.

Les hommes, de quelque condition, dans quelque classe que le G∴ A∴ les ait fait naître et placés, ont toujours besoin de rapprochemens, et c'est par la réciprocité des vertus, des moyens, des lumières, des secours, des services mutuels, c'est en vivant dans l'union la plus intime, qu'ils opèrent et conservent leur bonheur.

Oh! combien une réunion bien ordonnée convient à l'aggrégation sociale, basée sur la pratique des bonnes mœurs et l'exercice de toutes les vertus !

(2)

L'hommage le plus agréable à la Divinité et le plus digne du Créateur de toutes choses ; est celui, sans doute, de l'émanation de ces principes fondamentaux du bonheur commun, de leur stricte et constante application.

Sublime et vertueuse institution maçonnique, qui forme dans la grande société humaine, la réunion particulière de mes frères sous les deux hémisphères, dont la création ne peut se perdre dans la nuit du tems, étant l'ouvrage du G∴ A∴ qui nous créa pour la servir, propager ses principes, nous humilier devant lui, et dans toutes situations lui rendre grâces et l'adorer ; je viens dans cet auguste Temple, dans ce R∴ At∴, avec le concours de mes dignes frères, ami fidèle de tes principes, qui seuls font les délices et la consolation de l'ame, présenter ma pensée, fruit de tes saintes inspirations, sur l'auguste cérémonie et réunion de ce jour.

Nous célébrons en ce jour solennel, d'après votre vœu unanime, mes chers Frères, deux fêtes mémorables, deux époques, deux situations chères à nos cœurs, qui les pressent et les affectionnent sans distinctions de rang, et qui y règnent dans le plus grand ordre, le plus doux et le plus vif sentiment :

Celle de l'Installation de notre Loge des Amis de l'Ordre à cet O∴, et celle du Mariage de notre Auguste Empereur et Roi NAPOLÉON-LE-GRAND, avec l'Archiduchesse d'Autriche Marie-Louise.

Sujets intéressans, qui ont besoins pour être traités dignement et selon vos pensées, de toute la force de la vérité, de toute l'énergie et de la plus vive sensibilité de nos ames, et si je viens humblement d'après l'insigne faveur que vous avez bien voulu me faire, élever ma faible voix dans cette auguste enceinte, ce n'est plutôt que pour vous donner un témoignage de zèle et d'affection particulière, que j'aime à vous porter et vous porterai toujours, que pour établir des prétentions au savoir et à la supériorité des talens.

Dans le Temple de la vérité, les seuls élans du sentiment, les seuls témoignages des cœurs fidèles, doivent être reçus et accüeillis.

DEPUIS long-tems dans cette cité et lieux circonvoisins, il existait des fermens, des germes de bien qui n'attendaient qu'une chaleur propice pour se développer; une heureuse pensée, un choix de moyens, une délicatesse de sentimens bien caractérisés, des principes de probité, l'émanation des cœurs honnêtes et sensibles; l'amour pur de l'humanité, firent jaillir quelques vives étincelles de lumière, et à diverses époques formèrent la plus douce comme la plus agréable réunion; elles devinrent toujours de plus en plus intéressantes, sur-tout quand on vit les plus aimables, les plus intègres et les plus respectables magistrats s'empresser à les former, et à partager avec zèle les travaux de ces fidèles prosélites.

Des circonstances impérieuses retardèrent ou suspendirent momentanément l'application des mesures et projets les plus heureux et les plus salutaires; et si les cœurs des fidèles amis du bien, éprouvèrent quelques peines et amertumes, de voir leurs vues détournées et non appliquées, ils n'en conservèrent pas moins dans leurs cœurs, la plus douce espérance d'un avenir plus heureux, et exprimèrent la ferme volonté qu'ils avaient de maintenir les principes et de rapprocher les élémens du bien par un feu de toute pureté, et un encens digne du Créateur.

Les cœurs de nos généreux amis que j'aime à revoir dans ce R∴ At∴, se reposaient dans ces riantes images, dans cette douce perspective, dans cet espoir consolant, quand dans l'an 5809 des nouveaux frères, poussés par les mêmes sentimens, s'identifièrent à leurs pensées, se rapprochèrent par l'attraction du bien, et se pressant contre leur cœurs, en se jurant l'amitié la plus fidèle, renouvelèrent leur serment, et se promirent de relever les colonnes de l'édifice dans toute leur splendeur, dans tout leur éclat et leur touchantes allégories.

A ces élans sublimes, à ce dévouement généreux, succédèrent bientôt les plus heureux rapprochemens, et par la communication et les témoignages des signes qui nous sont chers, tous les vrais fidèles et réguliers maçons se reconnurent. Heureuse situation bien faite pour honnorer les hommes, pour les éclairer !

L'ensemble de l'édifice et ses bases fondamentales furent recherchées et inspectées de nouveau, les matériaux depuis long-tems disséminés et éloignés, furent rapprochés, relevés et remis en œuvre ; les tabliers, les ciseaux, les maillets, le compas, l'équerre et la perpendiculaire, reprirent leur primitive et propice utilité ; l'ouvrier fidèle reconnut avec joie l'instrument de ses plaisirs, de ses espérances, de son amour et de ses vertus, et tous nos frères dans leurs grades respectifs aimèrent à retrouver et à appliquer le niveau à leurs devoirs.

Le décor, l'ameublement, les emblêmes, les allé-gories, les hiérogliphes, les attributs de la région céleste, ceux de la région terrestre, et tous les effets que des sages et zélés frères avaient su faire conserver, et avaient conservés, furent remis en place; rien ne rallentit le zèle des amis fidèles; il n'est pas de sacrifices et de travaux auxquels ils se livrèrent, et nous comptâ-mes au nombre de nos heureux jours, celui de notre première réunion, où nous reconnaissant, nous nous donnâmes spontanément le baiser fraternel.

De Lune en Lune les réunions se propagèrent, et même dans un plus court espace de tems plusieurs se succédè-rent; toujours amis des vrais principes, chacun de nous à l'envi s'efforça de s'en rendre digne et de les maintenir.

Nos frères qu'une sage expérience éclairait et qui étaient plus avancés dans la carrière maçonnique, en applaudissant à tous nos louables efforts, s'étaient pé-nétrés depuis long-tems de cette vérité, qu'il était utile et indispensable pour parvenir à la plus grande et stable régularité de l'édifice, déjà établi sur des bases inébranlables, que l'aplomb y fut fixé pour en connaître les sinuosités, les imperfections et les défauts s'il pou-vait en exister, et dès-lors dans une assemblée extraor-dinaire, sur leurs sages propositions, il fut unanimement convenu qu'il serait rendu compte à la Loge Écossaise de France à l'O∴ de Marseille, que nous aimions à reconnaître pour notre Mère, vivant sous le même régime Écossais, de tous nos travaux, et en même-tems qu'il lui fut demandé d'ouvriers habiles et éclairés, pour toiser, niveler nos ouvrages, et procéder à notre installation, en régularisant ces bases immuables. L'un de nos dignes frères, notre représentant près de ce R∴ At∴, fut l'interprète de nos sentimens et de nos fermes volontés; la Loge-Mère approuva tous nos travaux, et correspondant aux vues sages qui nous animaient, elle nomma des Installateurs pour procéder conformément à notre demande : ils furent pris la plupart et le plus grand nombre, dans le sein du R∴ At∴ de nos frères les Harmoniphiles à l'O∴ de Riez et parmi nous; car nous avons toujours reconnu avec joie et chéri avec tendresse ces habiles ouvriers.

Elle fit plus, notre tendre Mère, pénétrée de nos respects unanimes et de notre sincère dévouement pour elle, elle voulut nous donner un gage éclatant de ses bontés, de son intime confiance, en donnant pouvoir aux Installateurs, d'instituer le souverain chapitre des pères de l'Ordre. Ce témoignage, cette émanation bienfaisante furent la preuve la plus certaine de son intime amitié, et de sa pure satisfaction.

Le 30.ᵉ jour du 3.ᵉ mois de l'an 5809 de la G∴ L∴ d'après notre vœu unanime, époque dernière et représentée par ce jour celle de son anniversaire, les vrais élémens du foyer réuni, la plus brillante, la plus pure, la plus vive des lumières, frappa nos regards; l'At∴ parut dans toute sa splendeur, et nos frères Installateurs parvinrent dans cette auguste enceinte avec toute la pompe et l'éclat convenables à nos mystères et à leurs dignités.

Les témoignages extérieurs de notre joie unanime furent manifestés, et l'être sensible n'y fut point étranger ; c'est que l'amour du bien anime tous les hommes, et qu'il est un sentiment religieux de respect et d'adoration qui le pousse et le dirige vers l'Éternel.

A notre appel, des frères des O∴ circonvoisins accoururent, et tous réunis, nous donnâmes à cet heureux jour, tout l'éclat, tout l'élan, toute l'illustration que nos ames émues nous inspirèrent.

Vous les avez entendus, ces dignes frères et nos chers représentans, faire preuve et s'efforcer à l'envi de témoignages de lumières et de vertus : il leur était facile d'en parler.

Touchés de la désignation propice que nous avions heureusement choisie, et qui doit nous faire connaitre long-tems dans les deux hémisphères, de ce titre distinctif et heureux de l'Ordre, qui se rapporte entiérement aux ouvrages du Créateur, au bien et à la perfection.

Vous les vîtes simultanément dans des pièces d'architecture choisies et profondément méditées, vous prouver facilememt que l'ordre seul est capable de nous rapprocher de la Divinité.

Notre digne V∴ répondit à ces éloquens témoignages, par une planche intéressante sur les mœurs, filles de l'ordre.

Eh ! qui mieux que ce vertueux frère, pouvait peindre les bonnes mœurs, dont il est un exemple constant dans sa vie publique et privée.

Vous entendîtes avec émotion notre respectable Orateur, discourir sur la beauté de l'auguste cérémonie du jour, et vous présenter par une touchante expression, et les douceurs de la vertu et de la tendre amitié.

L'un de nos chers frères , qu'il m'est doux de revoir parmi nous , dont la fidélité et le sentiment sont à toute épreuve , nous peignit avec force et éloquence , les douceurs de l'union , l'intérêt que l'humanité inspire et les fruits de la sagesse.

Nos frères de Riez , ces pères l'Ordre , pénétrés des vrais principes maçonniques , de la grandeur et des bienfaits de la Divinité , remontèrent par leur profonde sagacité , heureuses recherches et savant acquit , à l'origine et motifs des révolutions que nous avons éprouvées ; prouvant tous que ce n'est que dans la stricte application des vertus , que les maçons peuvent se rendre heureux et dignes du Créateur.

Nos frères de la Constance Couronnée à l'O.·. de Manosque , du régime Français , vous peignirent dans une planche éloquente , la beauté de l'institution maçonnique , son origine , ses bienfaits , et leur desir intime de la réunion des deux rites.

Nos frères de la Fidélité à l'O.·. de Barcelonnette , s'exprimèrent avec intérêt sur notre bonheur naissant, sur leur desir des fréquentes réunions , leur constante durée et tous les sentimens délicieux qui en dérivent.

L'un de nos frères de la Paix et Parfaite Union , à l'O.·. de Toulon , dans une Ode maçonnique , présenta les bienfaits du G.·. A.·. , sa grandeur , sa bonté , la sublimité de notre institution , et les vertus de nos frères pour le bien de cet immense Univers.

Des frères de ce R.·. At.·. se joignirent à ces sentimens, propageant la lumière par les lumières même, et fixèrent l'édifice sur les colonnes immuables représentant les vertus primitives qui en avaient préparé le ciment.

A cet intéressant narré, mon cœur est oppressé et touché de la plus vive émotion ; tant de témoignages vertueux et honorables ne s'effaceront jamais de mon souvenir.

Dans cet heureux jour , consolant pour l'humanité , et pour vous tous, mes chers frères, nos chers frères Installateurs, visiteurs et vous-mêmes , par les beautés de l'éloquence, par les charmes de la poësie, par un heureux choix de connaissances, réunis dans le foyer de leur ame ardente, éprise pour la vérité, répandirent dans cet auguste At.'., des rayons bienfaisans , des vérités touchantes , qui doivent nous servir constamment de régulateurs et nous faire respecter, chérir et tenir encore plus à nos principes.

Nous n'eûmes pas l'avantage de les posséder plus long-tems, et si nous les vîmes s'éloigner de nous avec regret , que du moins leur dire, reste à jamais gravé profondément dans nos ames ; et dans ce jour solennel , époque de nos plus vifs plaisirs, promettons-nous , réunis avec nos frères des deux hémisphères, de maintenir sur la terre, les germes précieux des vertus et des lumières ; que les matériaux qui nous ont été transmis et dont nous sommes possesseurs, remis à nos descendans , servent toujours de guide et de conducteur à l'homme raisonnable, au maçon fidèle qui voudra connaître , acquérir et se perfectionner.

Je n'ajouterai rien à leurs sentimens, ils sont purs et vrais ; mais qu'il me soit permis de témoigner une seule expression pour démontrer la beauté et la sublimité de notre institution. Je n'irai point recourir à de grands exemples, présenter des grands moyens bien connus de vos ames, je craindrai de donner une trop grande commotion à vos esprits.

Mais je cite seulement l'exemple d'un bon et tendre père de famille, qui élève ses enfans dans la pratique des vertus, des lumières, et dans l'union la plus intime, et qui chaque jour électrise et retrempe leurs ames de cette sublimité de pensées, de cette énergie seule capable de former et de voir réaliser les plus salutaires projets pour le bien de l'humanité, dont les tendres et jeunes rejettons, fortifiés par des leçons utiles, l'habitude du bien et l'aliment de la vertu, vont au loin propager les lumières, fruit de leur intéressans acquits, vaste conception, et reviennent dans le centre commun recevoir la récompense de leur généreux dévouement. Ainsi, mes chers frères, en se pénétrant bien de ces principes, rectifiés nous-mêmes, sous l'égide puissante de nos dignes pères, l'At∴ des *Amis de l'Ordre* à l'O∴ de Digne, pourra, par ses vertus, par ses lumières, par son intime union, par l'énergie des ames qui le composent, préparer dans toutes les situations et effectuer en tout tems le bien de l'humanité.

Mais, c'est assez parler de nous-mêmes; tenons constamment à nos principes.

Les vertueux maçons, en se communiquant une amitié fidèle, doivent avant tout et dans toutes circonstances, rendre grâces à l'Éternel, à ce G∴ A∴ de l'Univers, pour tant de bienfaits dont il nous a comblés dans ses chefs-d'œuvres; bienfaits inestimables, œuvres merveilleuses qui nous pressent, nous environnent; et font le bonheur et les délices de nos jours.

O! grandeur de la puissance infinie !

O! sublimité de moyens! je vois les pressentimens et annonces des sages s'accomplir, fruits de tes saintes inspirations, de leurs lumières et de leur libérales et généreuses pensées.

Le chef-d'œuvre de l'Éternel influe sur les deux hémisphères; et, protecteur et régénérateur de la France, imprime le mouvement le plus sublime et le plus propice à l'humanité.

NAPOLÉON-LE-GRAND, Empereur des Français et Roi d'Italie, l'immortel BONAPARTE, dont l'ame a reçu la commotion divine pour juger, apprécier et régler le mouvement de ce vaste Univers, doit occuper en tout tems, mes frères, et plus particulièrement en ce jour solennel, après avoir rendu grâces à l'Éternel, nos cœurs et nos pensées.

Je ne narrerai point tous ses hauts faits, tous ses prodiges de valeur, nos cœurs en sont pénétrés d'admiration, et plus encore de ses vertus.

J'en présenterai seulement l'analyse rapide, en parcourant les époques et les combats célébres où ce grand homme a couvert de son égide immortelle, la France et ses fidèles alliés, en asservissant toujours par sa tactique peu connue et une, la fortune au projet qu'il avait sagement conçu.

A Toulon, les tyrans des mers, les fourbes Carthaginois réunis avec leurs injustes alliés et copartageans de leurs crimes, éprouvèrent que le volcan formé par l'art, sut creuser plus de sépultures, que celui formé par la nature. On les vit céder à la valeur, au feu du génie, et abandonner honteusement un sol que leur présence avait souillé.

Première et heureuse époque, qui signala à la France un héros, en la personne de notre sage et invincible Empereur.

A Mondovi, Dego, Montenotte, Millesimo, pont de l'Adda, Crémone, Lodi, Milan, Pizigitkone, Pavie, Arcole, les armées Françaises, dirigées par sa valeur, sa profonde tactique, triomphèrent et proclamèrent notre héros le vengeur de l'Italie.

En Égypte, sa présence et ses grandes œuvres, fixèrent constamment la victoire.

A son retour en France, élevé au sublime rang de premier Consul par sa sagesse et sa fermeté, il calme les dissentions intestines, rallie tous les partis, rassure l'existence des honnêtes citoyens, comprime le méchant, institue et maintient deux grands corps politiques, foyer de lumières et de vertus, qui sont les premières colonnes de l'édifice national ; il fonde des maisons de secours pour les défenseurs de la patrie, il rétablit ces associations religieuses et hospitalières entiérement consacrées à secourir l'humanité malheureuse ; il volé au-devant de l'ennemi qu'il détruit dans les plaines de Marengo, et par cette bataille hardie et décisive, il fixe à jamais les destinées de la France et de l'Italie.

Rentré dans la capitale, pénétré des grandeurs et des bontés de la Divinité, dont le doigt tutélaire lui avait servi de conducteur dans ces champs de fureurs, de

carnage et de destruction, son premier soin est de se
prosterner humblement devant sa Toute-Puissance, lui
rendre grâces et l'adorer ; et par un témoignage de
reconnaissance de sa belle ame éprise pour la vérité, il
relève ses autels que l'impiété, le fanatisme et l'incré-
dulité avaient renversés, et en honorant la religion de
nos pères, dans sa pureté primitive, il prouve au monde
entier, que les rois et les sujets sont égaux devant elle.

La religion, mes frères, dans sa pureté primitive qui
fait le bonheur des états et des peuples, dont notre
culte, notre amour, notre vénération sont les mêmes,
Dieu, le Christ, la Patrie, le Souverain, les fidèles
Ministres et nos Frères ! Ah ! qu'il est doux d'en parler,
de la pratiquer et de rappeler ses sublimes et touchantes
indications, en rendant grâces au Souverain et aux
mânes de son vertueux ministre, pour un bienfait aussi
doux, aussi consolant.

Tant de témoignages de bien, tant de brillants et
valeureux exploits, dignes à jamais des plus belles et
touchantes épreuves, pénétrant la France d'admiration
et de respect, portèrent toute sa confiance en la personne de son héros ; et voulant récompenser d'une
manière digne d'elle son protecteur et son sauveur,
firent proclamer unanimement le premier Consul,
BONAPARTE, son Empereur et Souverain NAPO-
LÉON-LE-GRAND ! ce grand homme, animé et
poussé par l'esprit divin, développa toutes les vertus,
tous les sentimens de la grandeur de l'ame la plus pure
et les appliqua pour le bonheur de ses peuples. La
Vendée est pacifiée, des collègues illustres, des minis-

tres, des magistrats fidèles que le crédit et la considé-
ration environnaient, des simples citoyens, sont placés au
rang élevé où leurs vertus et les lumières les appelaient
depuis long-tems. Le Code Napoléon est proclamé, des
juges intègres et éclairés composent les nouveaux tribunaux; Thémis revoit avec joie et confiance ses chers
enfans, et l'espérance des administrés, que les actes
arbitraires avaient atteint, se ranime sous des lois pro-
tectrices et tutélaires; les vertus des Numa et des Solon,
raniment la confiance dans les esprits pensants et éclairés; les savants et profonds écrits des jurisconsultes
romains, ces instituteurs du genre humain et de nos
modernes, revoient le jour dans tout leur éclat.

Les arts, l'agriculture, le commerce, l'éducation na-
tionale sont encouragés et reprennent une nouvelle vie.

Il visite et se rapproche de l'homme de lettres, du
savant oublié, et dans l'infortune, il partage et adoucit
ses peines, et l'attire et le fixe près de sa respectable
personne; quelle étendue et heureux développement de
biens! quelle grandeur d'ame! quel profond acquit de
connaissance et de lumières!

C'est dans ces momens si honorables pour notre
auguste Empereur, entièrement occupé du soin d'effectuer notre bonheur commun, qu'une nouvelle coalition
se forme plus terrible et plus menaçante, fruit de la
perfidie, de la plus vive intrigue, de l'erreur et de
l'imprudence; l'Anglais, le Russe et l'Autrichien font
un faisceau de leurs armes, et les reprennant pour nous
atteindre, ils veulent nous subjuguer. Le protecteur de la
France rallie ses intrépides guerriers, à leurs généreux

efforts, au signal de leurs invincibles chefs, les plus habiles généraux ennemis succombent et leurs armées sont entiérement défaites.

Ulm, *Austerlitz*, *Eylau*, *Jena*, *Friedland*, *Niëmen*, places, champs et fleuves célèbres, vous fûtes témoins de l'honneur de la France, et de la réconciliation des deux plus grands monarques du monde !

La Prusse se laisse entraîner par les suggestions perfides du corrupteur Anglais, ses principales places et premiers forts lui sont enlevés, et cet État, naguères, tenant un premier rang dans le monde politique, éprouve un mouvement terrible et convulsif, qui, ébranlant ses fondemens, menace de les saper entiérement ; mais la sagesse de son roi, ses lumières et son cœur, ont ramené la paix dans ses états et feront le bonheur de son peuple.

Dans le cours de ses victoires, NAPOLÉON-LE-GRAND, touché des maux de la guerre, établit une puissante confédération ; opère par la lumière, une diversion étonnante dans les Espagnes, pour éclairer ses habitans fanatisés et les ramener aux principes, leur faire aimer la religion, la pratiquer dans toute sa pureté, respecter les lois et chérir l'agriculture que des nouveaux colons, déroulant le drapeau de la vie et de la restauration, iront vivifier, sils pouvaient plus long-tems méconnaître ses bienfaits ; il anéantit ces tribunaux d'inquisition, institution cruelle, le fléau de l'humanité, teints du sang de l'homme juste, de l'innocence, que l'union conjugale et une piété éclairée dirigaient.

Il faut renverser ces Autodafés épouvantables et étouffer ces gouffres de feu où la vertu sacrifiée chantant encore avec résignation et dans la paix de l'ame, les louanges du Seigneur.

Victimes intéressantes et malheureuses, ombres toujours chères à l'humanité, nos regrets et notre deuil seront éternels !

Il réalise les pressentimens, les annonces, les desirs des sages ; il reçoit dans ces états le roi et le sage ministre qui ne vivaient que pour leur bonheur, et que la vertu a éloigné de leur faiblesse et pussillanimité ; il donne des rois, des gouverneurs aux nations généreuses et opprimées, amies de la liberté et de l'ordre ; aux peuples timides, en leur prêtant une main secourable et protectrice, il propose et dicte des conditions de paix honorables, et les nations belligérantes se reposent par ses bienfaits.

Le grand homme qui nous gouverne reprend ses nobles travaux et habitudes, donne cours à ses vertueuses pensées, fruit de sa vaste conception et du génie puissant qui le dirige ; il ranime et vivifie le ressort politique, et ses vues en partie appliquées, présagent et laissent entrevoir à l'univers, ravi et étonné, l'avenir le plus heureux et le plus stable pour la France et les peuples du Continent.

Bientôt le génie du mal fait un nouvel effort, l'Autriche s'éloignant de la généreuse pensée de notre bien aimé Empereur, hésite sur les traités, et par le conseil des ministres, devenus infidèles, et du perfide cabinet Britannique, ose encore se mesurer avec la France.

Les Aigles françaises s'ébranlent, et de leur premier mouvement, le Roi des Germains abandonne sa capitale.

NAPOLÉON-LE-GRAND quitte celle de son Empire le 13 avril 1809 ; combat de Psassendkoffen le 19, bataille de Tann ledit ; bataille d'Abensberg le 20 ; combat et prise de Landshut le 21 ; bataille d'Eckmül le 22 ; combat et prise de Ratisbonne le 23 ; prise et entrée dans Vienne, capitale de l'Empire Autrichien, le 12 mai 1809 ; proclamation pour ramener l'ordre, la paix et protéger l'agriculteur, le bon paysan ; combat d'Ebersdorf, passage du Danube ; mémorable bataille de Wagram et d'Esling, ou l'un des plus grand généraux et des plus fidèles amis de la France, subit sa fatale destinée, termina sa glorieuse carrière, et expira entre les bras d'un tendre et généreux ami, son Souverain ! quel tableau sublime et touchant ! jonction avec la Grande Armée d'Allemagne de l'Armée d'Italie, commandée par le fils adoptif de Napoléon-le-Grand, qui avait combattu et dissipé l'ennemi avec grande perte à la bataille de Pavie et dans le combat d'Urfar, et continué d'opérer des prodiges de valeur à la bataille et prise de Raab.

Dans l'espace d'environ quarante jours le prestige est détruit, le Germain est soumis, son effervescence est calmée et nulle. Les volontés d'un tendre père, François second, son Empereur ; d'un prince recommandable, l'Archiduc Charles, de son auguste famille, sont remplies ; les ministres infidèles, cause de tous le déchiremens et de tous les maux de la guerre, sont exilés ou renvoyés, et une paix solennelle est proclamée.

Grâces vous soient rendues, immortel Empereur, NAPOLÉON-LE-GRAND ! intrépides et valeureux guerriers, dont la constance et la persévérance soutenue, vous faisant braver les dangers les plus imminens, vous livrant aux plus rudes, aux plus touchans et généreux sacrifices, entretinrent toujours dans vos ames, ce feu sacré, ce pur amour de la patrie qui vous fit surmonter les obstacles les plus inouis, et termina, par les plus heureux et étonnans succès, cette lutte si long-tems désastreuse pour l'humanité. Recevez les purs témoignages de nos cœurs reconnaissans, de notre entier dévouement. Invincibles remparts de l'Empire Français, dignes soutiens de la patrie, vous avez fécondé le champ de l'homme libre, du bon citoyen, vous avez honoré les talens et les témoignages d'une saine philosophie, vos actions valeureuses et honorables ont servi de conducteur aux rayons bienfaisans de la lumière, vous avez fait le bonheur de deux grandes nations, vous avez resserré leur union par l'olivier de la paix.

Soldats, vous avez suivi le mouvement invariable de la raison, de le nature et des principes, tenez à vos sentimens, il sont autant honorables pour vous que pour la nation qui vous vit naître.

Par cette analyse rapide des hauts faits du pacificateur du monde, si vous applaudissez d'un côté à toutes ses merveilles, à tous ses effets et prodiges étonnans de vertu et d'héroïsme, de l'autre vous voyez avec évidence la main du Créateur qui conduit et protége notre Héros et la France ; à tant de sacrifices, à tant de bienfaits, il manquait un gage précieux qui consolida à jamais le pacte sacré de nos plus chères espérances, de notre plus doux besoin, il nous fallait une garantie précieuse, l'hymen nous la conservait pour notre unanime bonheur, pour fixer et consolider la paix du Continent.

François second, réuni avec son auguste famille, ayant dissipé par sa sagesse les élémens de la discorde et du malheur public, ne s'occupait plus qu'à réparer les calamités et les désastres de la guerre, quand le Dieu Mars, satisfait des nobles témoignages de sa loyauté et touché des malheurs du bon peuple, de son ennemi vaincu, voulut à son tour lui donner un gage éclatant de son pacte sacré, de son auguste promesse.

Dans les champs de la victoire, dans la capitale de l'Empire d'Autriche, et généralement sur son sol, les guerriers de la Germanie et son bon peuple ne cessaient de déplorer les peines et les malheurs du bon François second, que des conseillers perfides entrainaient par leurs suggestions iniques, ils narraient et relevaient avec enthousiasme et une vérité touchante, les vertus de son intéressante fille MARIE-LOUISE, Archiduchesse de l'Empire, digne de gouverner ; et la sublimité des talens et des vertus pacifiques de leur recommandable prince, l'Archiduc Charles.

NAPOLÉON-LE-GRAND, uniquement occupé du bonheur de la France, touché des vertus de MARIE-LOUISE, à l'impulsion de son cœur, cédant au témoignage intéressant de l'amitié constante et fidèle, et aux lumières de l'auguste Sénat, aimant ses peuples pour eux-mêmes, comme la vertu pour son bonheur, demande à François second, la main de son auguste et chère fille MARIE-LOUISE, Archiduchesse d'Autriche, digne héritière des vertus de Marie-Thérèse.

Le roi des Germains touché de la générosité du vainqueur et de sa magnanimité, poussé par les mêmes

sentimens que Napoléon-le-Grand , cimente par un con-
sentement de cœur , le bonheur de sa nation , et donne
avec joie et le plus vif attendrissement la main de sa
chère et bien-aimée fille au plus grand Roi de la terre.

Vous avez vu , mes chers Frères , cet auguste Souverain François second , entouré de son peuple , qui ne
cessait de lui porter le plus insigne respect , le plus
entier dévouement , avec son auguste épouse et sa bien-
aimée fille , qui avait touché , ravi tous les cœurs et fixé
dans plusieurs réunions brillantes la joie publique , en
faisant naître le doux espoir d'un bonheur assuré , gage
de ses vertus , de la magnanimité et de la grandeur de
son ame.

Vous n'avez point lu sans doute sans la plus vive émotion,
les récits attendrissans , les descriptions intéressantes de
ces belles réunions , de ces heureuses situations , image
fidèle d'un tendre père au milieu de ses enfans , dont
François second présente le tableau touchant ; quelles
leçons ! quels exemples frappans pour les Rois ! quels
témoignages de consolation pour les peuples ! quelle
plus belle garantie de fidélité et d'amour réciproque !

Ah ! puissent les Rois toujours se confondre avec eux,
et , quittant leur palais , les lambris dorés , visiter quel-
quefois la chaumière du laboureur , l'atelier de l'artisan
et l'humble asile de ces vertueux citoyens qui , suppor-
tant dans la modération et la simplicité les charges de
l'état , vivent obscurément dans la médiocrité.

Vos cœurs ont pris part à la joie publique et sincère
du Germain notre allié , notre ami ; vous avez été ravi
et étonné de ces fêtes brillantes et continues , de leur

éclat, de leur majesté, de leur belle ordonnance, de leur pompe.

Vous avez applaudi à la noblesse des sentimens, aux augustes démarches exprimées et témoignées par les Ambassadeurs de notre illustre EMPEREUR.

Vos ames ont été émues lors de la pénible séparation du père avec son auguste fille l'Impératrice de France et Reine d'Italie, et en partageant les peines de ce bon père, de ce bon Roi, elles ont tressailli de joie de posséder le trésor inestimable acquis par la sagesse et les vertus, pour notre félicité.

Vous ne l'avez point perdue de vue ni de cœur cette auguste Impératrice, dont les charmes, les grâces touchantes s'allient encore avec ses vertus.

Vous avez partagé ses adieux attendrissans, vous l'avez suivie dans son brillant voyage, conduite par l'amour de son peuple que l'enthousiasme de la vertu et la chaleur du sentiment animaient.

Vous vous êtes identifiés à tous les témoignages de toutes les classes de ses fidèles sujets, et vos ravissemens et émotions ont redoublé à la vue de *Braunau*, à l'époque et au moment de sa séparation et de son éloignement du sol de la Germanie.

Ces témoignages de soumission, de respect unanime du Français et de l'Autrichien, cette tendresse, cette amitié noble et touchante de sa grande Maîtresse, cet échange d'affection et du fidèle dévouement des sujets et des nations, ont rassuré notre existence et confirmé les plus heureux présages. Le bon Germain et le Français fidèles, en se pressant contre leur cœur, ont fixé notre repos, notre bonheur.

Ravi de posséder notre auguste Souveraine sur le sol de la patrie, des Français et des frères plus heureux que nous ont accéléré avec joie le mouvement rapide et véloce des ses superbes coursiers instantanément rallenti par l'amour et la fidélité de son peuple ; les dons, les largesses, les bienfaits étaient versés et distribués par des mains généreuses, fidèles et libérales, dans le sein de l'humanité malheureuse pour laquelle des moyens de restauration étaient préparés. Une auréole tutélaire environnait notre Souveraine, et répandait au loin des rayons bienfaisans extraits de ses urnes d'or, rayons célestes du feu sacré, du foyer de son ame et de l'habitude de ses vertus.

De Vienne à Paris et de la capitale de l'Empire Français à celle du Germain, un baume salutaire, un lait bienfaisant répandu sur la voie sacrée préparaient une abondante moisson de prospérité. L'hymenée avec ses fleurs et la lumière précédaient sa brillante marche ; les ris, les jeux, les amours et la tendre amitié environnaient son auguste personne, et la valeur et la confiance des sujets soumis, respectueux et fidèles, terminaient le pompeux et majestueux cortège.

Sensibles aux douceurs de l'amitié, de la tendresse, de l'union conjugale, vous avez été touchés du noble empressément de NAPOLÉON-LE-GRAND, précédé de la Victoire, pour recevoir le gage précieux et la récompense de ses vertus.

Vous avez applaudi avec les peuples de l'Univers au moment intéressant de leur première entrevue, de leur auguste réunion.

Les desirs du grand Homme qui gouverne la France

sont remplis ; les vœux du Peuple Français et de son auguste Sénat ont été exaucés ; bientôt des augustes rejetons fixeront à jamais le bonheur des nations futures ; bientôt un grand développement de moyens , des plus vastes projets vont être appliqués. Que diras-tu alors superbe Albion , dont les sentimens irascibles et les passions haineuses propagent , perpétuent la guerre et tourmentent cet Univers , que des Rois pacifiques veulent ramener au repos , au bonheur , à la pratique des vertus , des lumières , et au tems de l'âge d'or ? fier insulaire ! vois la joie sincère des peuples du Continent ; qu'hésite-tu à la partager ? quelle garantie nous donneras-tu de ta foi depuis plus de deux siècles avilie et violée ? Vois cette triple coalition menaçante qui s'est formée des trois plus grands Monarques du Monde , dont les efforts honorables tendent uniquement à réparer les maux constans que tu as fait à l'humanité dans les quatre parties du monde , et que tu t'efforces à lui faire encore ; leur colonnes triomphantes vont s'ébranler , tu seras atteinte sur tous les points ; ta destinée sera fixée ; heureux encore , si des fidèles amis de l'humanité , sortis de ton sein dans l'orage épouvantable de révolution politique que tu dois indubitablement éprouver , reçoivent une main secourable de leur frères du Continent , qui changeant les formes vicieuses et tyranniques de ton gouvernement , te feront rentrer dans l'égalité primitive de tes droits justes et naturels. Telle doit être ta destinée , tel est l'intérêt des nations : la nature ne se plaît point à maintenir l'existence de ceux qui veulent la détruire, qui méconnaissant ses plus doux témoignages et ses grandes leçons, tendent chaque jour à arrêter ses progrès de bienfaisance et de lumière.

Vois Napoléon-le-Grand, le pacificateur du monde ; vois-le par son vaste génie, par ses augustes travaux réprimer et faire entièrement disparaître les abus, les actes arbitraires, les vices qui oppressent l'ordre social.

Vois sa profonde politique environner le globe, et l'aplomb de son niveau maintenir l'équilibre.

Vois-le avec notre auguste Impératrice, notre bien-aimée MARIE-LOUISE, entourée de ses peuples qui la chérissent et forment un triple faisceau d'union, d'amour et de force, prosternés au pied des autels, rendant grâces à l'Éternel de tant de bienfaits, et sensibles à ces tableaux expressifs et touchans, montre-toi digne de leurs vertus magnanimes et généreuses.

O Toi G∴ A∴ de l'Univers! daigne répandre sur cet At∴ tes constantes et bienfaisantes faveurs, donne-nous la force et les moyens de parvenir au but que nous nous proposons, celui d'arriver purs et sans tache dans ton suprême O∴ ; daigne constamment couvrir de ton égide tutélaire ton fils chéri NAPOLÉON-LE-GRAND, que tu as placé sur la terre pour notre bonheur, ainsi que son auguste épouse l'Impératrice MARIE-LOUISE ; accorde-leur des dignes successeurs qui, héritant de leurs vertus, parcourent la glorieuse carrière à laquelle ils seront destinés, comblent et perpétuent à jamais le bonheur des Peuples.